HOST ME!?

KINDLE EBOOKS ERSTELLEN UND ERFOLGREICH BEWERBEN

Tobias Schindegger

WIDMUNG

Ich widme die 1. Ausgabe der Host me –Reihe all' denjenigen, die sich entschieden haben, ihr Werk der Allgemeinheit zur Verfügung zu stellen. – Nur Mut, neue Autorinnen und Autoren braucht das Land! ☺

1. Einleitung - Host me!?... 3
2. Vorbereitung des Textes... 5
   2.1 Grundsätzliches.. 5
   2.2 Rechtliches.. 5
   2.3 Formatieren des Textes.. 7
3. Gestaltung eines Covers.. 14
4. Umwandeln in das eBook-Format mit Calibre........................ 18
   4.1 Schritt für Schritt - Anleitung Calibre 19
   4.2 Prüfen des eBooks mit dem Kindle Previewer 21
5. Bereitstellen des eBooks auf Amazon 23
   5.1 Einrichtung des Kontos bei KDP 23
   5.2 Ab ins Bücherregal 24
   5.3 Preisgestaltung / Buchpreisbindung 29
6. Bewerben des Buches 32
   6.1 Grundsätzliches.. 32
   6.2 Amazon Autoren Seite.. 33
      6.2.1 Biografie... 34
      6.2.2 Fotos... 35
      6.2.3 Videos... 35
      6.2.4 Twitter... 35
      6.2.5 Veranstaltungen.. 36
   6.3 Werbevideo auf Youtube 36
      6.3.1 Videos mit der Freeware "Fotostory 3" 37
      6.3.2 YouTube's Video Editor.. 40
   6.4 Facebook-Seite / Twitter-Profil & Co. anlegen 41
   6.5 Eigene Homepage mit Wordpress erstellen 44
      6.5.1 Grundlagen 44
      6.5.2 Wordpress auf Webspace (*am Beispiel von 1&1 Domain*)
      installieren... 46
      6.5.3 Wordpress - Das Dashboard 50
      6.5.4 Impressum anlegen 53
      6.5.5 YouTube-Video in meinen Blog einfügen................. 53
      6.5.6 Facebooks "*Gefällt mir*" in den Blog einfügen 54
      6.5.7 Twitter - Box in Wordpress einfügen 57
      6.5.8 Automatisiertes Teilen neuer Artikel in Wordpress auf Twitter
      und Facebook 59
   6.6 Soziale Netzwerke / Communities.................................... 61
      6.6.1 Literaturcafé in Second Life 61
      6.6.2 Lovelybooks... 62
      6.6.3 Facebook 62
      6.6.4 Ich mach was mit Büchern.................................... 64
7. Schluss 65
8. Bonus-Kapitel: QR-Code-Erstellung.................................... 66

DANKSAGUNG

Danke an meine Familie, meine Freunde, die mich bei diesem Projekt unterstützt haben. – Ich liebe euch ... ☺

Danke auch an die fleißigen Leserinnen und Leser meines gleichnamigen eBooks, die mich ermutigt haben, mich an das gedruckte Werk heranzuwagen.

1. Einleitung - Host me!?

"Auch Ratschläge können Schläge sein ..."

Sponti-Spruch

In diesem Ratgeber aus der **Host me!?** - **Reihe** werden Sie erfahren, wie sie ihr Manuskript in ein eBook für Amazon's Kindle umwandeln, auf Amazon zum Verkauf anbieten und es erfolgreich bewerben können.

Sie werden erfahren, wie Sie ihren Text vorbereiten, ein ansprechendes Cover gestalten und möglichst viele potentielle Leserinnen und Leser bzw. auch Käuferinnen und Käufer erreichen.

Bei der **Host me!?** - **Reihe** handelt es sich um Ratgeber, die schnell, einfach, günstig und unkompliziert ein Thema bearbeiten. Der Ausdruck **Host me!?** stammt aus dem bayerischen und bedeutet so viel wie *"Haben Sie mich verstanden?"*. Es ist sozusagen für den Fragesteller von hoher Wichtigkeit, dass sein Gegenüber keine offenen Fragen mehr hat, zu dem Thema allumfassend informiert ist und glücklich und zufrieden sein

Tatwerk vollenden bzw. bestreiten kann. Genau dies ist auch das Anliegen der gleichnamigen Reihe.

Selbstverständlich handelt es sich bei diesen Ratschlägen nicht um unumstößliche und für immer und ewig geltende Dogmen. Für Anmerkungen, konstruktive Kritik und /oder offen gebliebenen Fragen, würden wir uns sehr freuen.

Unter folgender eMail können Sie mit mir in Kontakt treten: info@gugeli.de

2. VORBEREITUNG DES TEXTES

"Bedenke man, eh noch die Tat beginnt."

Johann Wolfgang von Goethe

2.1 GRUNDSÄTZLICHES

Karl Hohmann (* *18. Juni 1908 in Düsseldorf; † 31. März 1974 in Düsseldorf-Benrath*) - ein deutscher Fußballspieler und Trainer - soll einmal zu dem Thema der Vorbereitung gesagt haben: *"Auf gut deutsch gesagt, wir hatten noch nicht einmal Zeit zum Kacken."*

Der wesentliche Faktor in dieser Aussage ist die Zeit - genauergesagt: Das Fehlen von Zeit. Was ich damit sagen möchte: Überstürzen Sie mit der Veröffentlichung Ihres Werkes nichts. Nehmen Sie sich Zeit, die einzelnen Arbeitswege Schritt für Schritt durchzugehen. Nicht das Sie womöglich am Ende Ihrer Veröffentlichung unzufrieden sind. Zwar kann man etwaige Veränderungen noch nach der Veröffentlichung vornehmen, allerdings kann jede noch so kleine Veränderung bis zu 24 Stunden seitens des Kindle Direct Publishing - Programmes von Amazon dauern.

2.2 RECHTLICHES

Dass der Text von möglichst unabhängigen Dritten natürlich nach Rechtschreib- und Grammatikfehlern gegenlesen wird, setzte ich an dieser Stelle zunächst einmal voraus. :-)

Bei der Titelauswahl gilt es darauf zu achten, ob es diesen oder einen ähnlichen nicht bereits gibt. Ansonsten besteht die Gefahr, dass jemand Regressansprüche stellt. Falls sich in ihrem Text Zitate befinden, müssen diese als solche erkennbar sein.

Normalerweise sollte man bei der Veröffentlichung von Büchern (*egal ob elektronisch oder in Papierform*) ein Pflichtexemplar bei der Deutschen Nationalbibliothek einreichen. Bei Unterlassen ist mit einem Bußgeld zu rechnen. Eine Art "Ausnahme" besteht bei Publikationen über das Kindle-Programm. Die Community www.literaturcafe.de hat nachgefragt und folgende Antwort erhalten:

> *"Prinzipiell gehören selbstverlegte und über Amazon vertriebene Kindle-Bücher zum Sammelauftrag der DNB. Ablieferungspflichtig sind die Autoren als Selbstverleger. (Laut § 15 des Gesetzes über die Deutsche Nationalbibliothek ist ablieferungspflichtig, »wer berechtigt ist, das Medienwerk zu verbreiten oder öffentlich zugänglich zu machen und den Sitz, eine Betriebsstätte oder den Hauptwohnsitz in Deutschland hat.«)*

> *In der Pflichtablieferungsverordnung (PflAV) wird allerdings in §8,2 präzisiert, dass die Bibliothek auf die Ablieferung verzichten kann, »wenn technische Verfahren die Sammlung und Archivierung nicht oder nur mit beträchtlichem Aufwand erlauben.«*

> *Kindle-Content wird in einem proprietären Datenformat angeboten, das auf dem Mobipocket-Standard basiert und eigene DRM-Mechanismen hat. Das Dateiformat eignet sich nach augenblicklicher Einschätzung nicht für die Langzeitarchivierung. Darüber hinaus gibt es noch keine Lösung für die Bereitstellung und für die Benutzung.*

> *Daher verzichtet die DNB derzeit auf eine Ablieferung von Kindle-E-Books.*

*Selbstverleger müssen keine
Ordnungswidrigkeitsverfahren fürchten; die DNB wird die
Titel erst anfordern, wenn der Stand der Technik dies
zulässt."*

(http://www.literaturcafe.de/muessen-kindle-e-books-an-die-deutsche-
nationalbibliothek-abgeliefert-werden/ 21.01.2013)

Wer dennoch ein digitales Exemplar bei der Deutschen
Nationalbibliothek einreichen möchte, muss sein eBook in ein
anderes elektronisches Format umwandeln und kann dies unter
http://www.dnb.de/DE/Netzpublikationen/Ablieferung/Ablieferungs
verfahren/ablieferungsverfahren_node.html#Anker1 einreichen.
Es handelt sich dabei um das sogenannte ePub-Format.
Verkaufstechnisch und rechtlich hat dies aber kaum Relevanz.

Näheres dazu im Kapitel 4.1 - Umwandeln ins eBook - Format.

2.3 FORMATIEREN DES TEXTES
Bevor Sie sich an die Umwandlung des Textes in das eBook-
Format wagen, müssen einige Dinge berücksichtigt werden.

Bedenken Sie bei der Gestaltung Ihres Textes, dass man auf
einem Kindle die Schriftgröße variabel einstellen kann. Ihr Text
sollte somit in allen Größen gut zu lesen sein.

Vom Blocksatz rate ich ab, da durch die Schriftgrößeneinstellung
Lücken entstehen können. Grafiken im Text sind prinzipiell
möglich. Bedenken Sie aber stets, dass ihr eBook nicht nur auf
bunten Tablet-Computern gelesen werden, sondern auch auf den
hochauflösenden E-Ink-Display des Kindles dargestellt werden.
Dieser stellt zwar nur Graustufen zur Verfügung, bietet allerdings
eine Auflösung von 167 dpi an. *(Zum Vergleich: Bilder auf
Bildschirmen können bisher nur mit maximal 72 dpi dargestellt*

werden) Beachten sie also bei Grafiken, dass sie diese in einer entsprechenden Auflösung auch speichern. Bei Fotos empfiehlt sich das JPEG-Format. Bei reinen Grafiken oder Zeichnungen empfiehlt sich das GIF-Format.

Zunächst beginnt ein eBook mit einer Titelgrafik. Amazon empfiehlt mindestens 1000 Pixel an Höhe - optimal jedoch ist das Format 2500x1563 Pixel. Näheres zum Cover erfahren sie im Kapitel Cover für das eBook.

Dann legen sie einen "S*eitenwechsel*" mit Ihrer Textverarbeitung an. Bei den gängigsten Textverarbeitungen geschieht dies in dem Sie die Taste "Strg" (bzw. bei englischen Tastaturen "*Ctrl*") und die Enter- bzw. Eingabetaste drücken. Welche Textverarbeitung sie nutzen ist zunächst irrelevant. Ich empfehle Word 2007 mit Service Pack 3 (oder höher). Es gibt auch kostenlose Variante wie z. B. LibreOffice, OpenOffice oder sie nutzen eine ebenfalls kostenlose Online-Textverarbeitung in der Cloud wie zum Beispiel Google Drive (ehemals Google Docs). Der Vorteil der zuletzt genannten Variante ist, dass sie lediglich einen Browser und einen Google-Account benötigen und sie von jedem internetfähigen Rechner der Welt auf ihr Dokument zugreifen und es verändern können. (*Ein guter Freund von mir hat mit dieser Methode einen Reisebericht während seiner Europareise geschrieben, in dem er Internet-Café's genutzt hat. Somit musste er nicht ständig seinen Notebook tragen und sich Gedanken über Internet-Roaming-Gebühren machen.*)

Formatierungen wie fett, kursiv oder andere Schriftarten können durchaus genutzt werden. Beachten sie aber die grundsätzliche Designer-Regel "Weniger ist mehr". Das bedeutet, seien sie sparsam mit der Verwendung von Textformatierungen oder häufigem Schrifttypenwechsel.

Weiterhin gilt es, die Überschriften als solche zu definieren. Nutzen sie dabei in ihrer Textverarbeitung die entsprechende Formatierungsoption (*Titel, Untertitel, Überschrift 1, Überschrift 2, Überschrift 3, etc.* ..) Dies ist notwendig um später ein Inhaltsverzeichnis anlegen zu können bzw. um Sprungmarken zu ermöglichen.

Nach einem Kapitel ist immer ein Seitenwechsel per STRG + Enter zu setzen, da im Kindle die Seitengröße je nach Schriftgröße variabel ist. Mit dieser Methode ist gewährleistet, dass jedes Kapitel auf einer neuen Seite im Kindle dargestellt wird.

Zurück zur Reihenfolge:

Die erste Seite ist das Cover. Nach dem "erzwungenen" Seitenwechsel (Strg + Enter) kommen wir zur Titelseite. Dort steht logischerweise der Titel, der Name des Autors bzw. der mitwirkenden Autoren bzw. der Name des Herausgebers sowie der Name eines etwaigen Illustrators, Fotografen (z. B.: "*Titelgrafik:*" bzw. "*Covergestaltung:*") etc. Dort empfehle ich einen QR-Code zu Ihrem Blog, Ihrer Amazon-Autorenseite oder ähnlichem zu setzen (*falls vorhanden*)

Näheres zur QR-Code-Erstellung erfahren Sie in dem Bonuskapitel 8: QR-Codes erstellen.

Zum Thema "Amazon Autorenseite" werden Sie im *Kapitel 6.2 Amazon Autorenseite* informiert.

Von einem Vorwort rate ich ab. Falls sich dennoch jemand die Mühe gemacht hat, ein Vorwort für sie zu schreiben, machen sie ein Nachwort daraus.

Warum? - Käufer von eBooks lesen in der Regel eine Vorschau (*"Blick ins Buch"*) oder eine Leseprobe. Es werden also nur wenige der ersten Seiten ihres Buches zu lesen sein. Es wäre doch schade, wenn der potentielle Kunde dadurch vergrault wird, weil er sich kein Bild von dem eigentlichen Text machen konnte, da er lediglich Danksagungen, Zitate und Vorworte vor dem eigentlichen Text lesen konnte.

Selbiges gilt für das Inhaltsverzeichnis. Bei einem Sachbuch schlage ich vor, als nächstes die Seite für das Inhaltsverzeichnis zu platzieren. Bei einem Sachbuch ist es in der Regel wichtig für den Leser, bereits in einer Leseprobe zu erfahren, welche Kapitel behandelt werden und ob diese für ihn in Frage kommen oder nicht. Bei einem Roman wiederum würde ich das Inhaltsverzeichnis an den Schluss stellen, da sich der Leser bei einer Vorschau ein Bild von der Geschichte machen möchte. Natürlich sollte der Text bei Romanen den potentiellen Leser von Anfang an in irgendeiner Art und Weise fesseln bzw. neugierig machen. Technisch gesehen ist es für den Käufer irrelevant, ob das Inhaltsverzeichnis vorne oder hinten steht. Wenn es korrekt formatiert wurde, dann kann man über die Option *"Gehe zu → Inhaltsverzeichnis"* auf seinem eBook-Reader (*bzw. der App oder Software*) direkt zum Inhaltsverzeichnis springen.

Ebenso ist zu empfehlen, eine Seite "Herausgegeben von" zu erstellen. Diese beinhaltet Name, Anschrift, Telefon und / oder eMail. Schwierig wird es an dieser Stelle, wenn sie unter Pseudonym publizieren wollen. Die Rechtsprechung sagt dazu folgendes aus: Ein eBook selbst braucht kein Impressum, wohl aber die Seite, auf der es beworben wird.

Also, fassen wir zunächst die Reihenfolge der Seiten des zu konvertierenden Dokumentes zusammen:

1. Das Buch-Cover
2. Titelseite (*Titel, Untertitel, Name des evtl. Herausgebers, der Autoren, der Illustratoren, der Covergestaltung etc. ...*)
3. Bei Sachbüchern: Inhaltsverzeichnis (*ansonsten überspringen*)
4. Der Text.
   Wichtig hierbei ist, das Überschriften als solche formatiert sind. Diese finden sie unter den **Formatvorlagen** Ihrer Textverarbeitung. Bei der Einstellung **Standard** bzw. **Normal** handelt es sich um den reinen Text, **Überschrift 1** eine große Überschrift, **Überschrift 2** eine untergeordnete Überschrift etc. ...
5. Herausgegeben von: Name und Anschrift des Herausgebers.
   Bei Bedarf: Telefon, eMail, Internetadresse etc.
6. Bei Bedarf: Quellenverzeichnis, Nachwort, Danksagungen, etc. ...
7. Inhaltsverzeichnis bei "*Nicht-Sachbüchern*" ... Romane, Essays, etc. ...

Nun die Arbeitsschritte:

1. Auf der ersten Seite die Titelgrafik bzw. das Cover einfügen
2. Die Überschriften bzw. Kapitel im Text formatieren nach den Formatvorlagen:
   Standard bzw. Normal, Überschrift 1, Überschrift 2, Überschrift 3 etc. ...
3. "*Erzwungene Seitenwechsel*" einfügen.
   (*Tastenkombination* **Strg + Enter**)
4. Zusätzliche Seiten anlegen wie z. B. Inhaltsverzeichnis, Herausgegeben von, etc.
5. Bitte speichern Sie den Text nicht im *.doc- oder *.docx-Format ab. Nutzen Sie am besten die Endung *.html.
   Diese wird sowohl von den kostenlosen Textverarbeitungen LibreOffice und openOffice unterstützt,

als auch von Microsoft Word 2007 mit Service Pack 3.

- **LibreOffice** erhalten Sie **kostenlos** unter
  http://de.libreoffice.org/download/
- **OpenOffice** erhalten Sie **kostenlos** unter
  http://www.openoffice.org/download/index.html
- Das **Service Pack 3** für **Office 2007** bzw. **Word 2007**
  erhalten Sie **kostenlos** unter:
  http://www.chip.de/downloads/Office-2007-Service-Pack-3-
  SP3_52457228.html

Wie lege ich ein Inhaltsverzeichnis für das Kindle an?

1. Zunächst ist es wichtig, dass ein *"erzwungener"*
   Seitenwechsel (**Strg + Enter**) sowohl **vor** als auch **nach**
   dem Inhaltsverzeichnis gesetzt wurde.
2. Als nächstes schreiben sie die Überschrift
   "Inhaltsverzeichnis" und belassen diese als Standard-Text
   bzw. *"Normal"*.
   Bitte nicht als **Überschrift** formatieren. Lassen Sie sich
   auch nicht verleiten, die automatische Funktion von Word
   zur Erstellung eines Inhaltsverzeichnis zu benutzen. Viele
   eBook-Konvertierungsprogramme kommen damit nicht
   zurecht.
3. Dann schreiben Sie die einzelnen Titel der Kapitel
   nochmal ab. Nun setzen sie *"manuelle Hyperlinks"*. Dies
   hört sich komplizierter an, als es ist. Gehen sie wie folgt
   vor:
   Klicken Sie z. B. in Word auf **Einfügen**. Dann klicken Sie
   anschließend auf Link bzw. **Hyperlink → Aktuelles
   Dokument**. Jetzt müssten Sie alle als Überschrift
   markierten Elemente sehen und können diese auswählen.
   Wiederholen Sie diesen Vorgang mit allen Kapiteln bzw.
   Überschriften. Vergessen Sie auch nicht die zusätzlichen
   Kapitel wie **Herausgegeben von**, **Quellenverzeichnis**
   etc. ...

4. Seitenzahlen sollten Sie auf einem eBook vermeiden. Reguläre Seiten gibt es in einem eBook auch nicht, da diese je nach Gerät, App, Software und Schriftgrößeneinstellung variieren können. Bei eBooks spricht man von Positionen.

3. GESTALTUNG EINES COVERS

"Ein Bild sagt mehr als tausend Worte..."

Zitat aus China

Zunächst ist es Ihnen überlassen, ob sie ein Cover für Ihr eBook erstellen oder nicht. Falls Sie sich dagegen entscheiden, legt Amazon ein automatisch generiertes Cover für Sie an. Allerdings ist ein Cover bei der Kaufentscheidung entscheidend. Unbewusst lockt das Auge. Ohne ein ansprechendes und zur Thematik passendes Cover kommt der potentielle Käufer gar nicht erst in die Versuchung, einen Blick ins Buch zu werfen, geschweige denn eine Leseprobe herunterzuladen. Es lohnt sich auf jeden Fall auch dieser Thematik genügend Zeit und Schaffenskraft zu widmen. Natürlich gibt es auch hier wieder verschiedene Möglichkeiten der Covergestaltung. Selbstverständlich gilt es auch hier die Urheberrechte zu beachten. Sie dürfen kein Bild verwenden, an denen Sie nicht die entsprechenden Publikationsrechte besitzen. Es dürfen keine Persönlichkeitsrechte verletzt werden. Nehmen wir an, Sie fotografieren eine Person, müssen Sie diese um Erlaubnis fragen (*und am besten schriftlich bestätigen lassen*), wenn Sie das Bild für eine Veröffentlichung nutzen. Das einfachste ist es, Bilder mit Publikationsrechten einzukaufen.

Folgende Websites kann ich hierzu empfehlen:

- http://www.shutterstock.com
- http://www.dreamstime.com
- http://www.istockphoto.com

Der Preis richtet sich nach Auflösung und Lizenz. Es reicht meistens die **kleinste Auflösung** und eine **nicht-exklusive**

Lizenz zur kommerziellen Nutzung der Bilder. Der Preis beläuft sich dann meist auf 2 bis 3 €. Ich bitte zu berücksichtigen, dass man die Quelle des Bildes auf der Titelseite benennt (Grafik bzw. Fotografie: Name der Seite bzw. des Fotografen)

Falls Sie eigene Fotos bzw. Grafiken verwenden wollen, gilt es folgende Richtlinien zu beachten:

- **Maße des Covers:**
  Amazon empfiehlt, mindestens 1000 Pixel an Höhe - optimal jedoch ist das Format 2500x1563 Pixel.
- **Punktdichte (dpi):**
  Bei Bildern konzipiert für Bildschirme reicht normalerweise eine Punktdichte von 72 dpi. Für Grafiken / Bilder im Bereich Druck empfiehlt sich eine Auflösung von mindestens 300 dpi. eBook-Lesegeräte wie beispielsweise das Kindle, Kindle 3G, Kindle touch und Kindle Paperwhite können bis zu 167 dpi darstellen. Daher wäre diese Punktdichte zu empfehlen.
- **Graustufen und Farbig**
  Die Kindle-Reader (*bis auf die Kindle Fire - Varianten und entsprechende Lese-Apps*) können nur Graustufen darstellen. Ihr Titelbild sollte dennoch in Farbe gestaltet werden. Ein reines Graustufenbild ist werbetechnisch nicht so effizient wie ein farbiges.

Zum Beschriften bzw. Gestalten des Covers empfehle ich eine Grafik-Software. Die Deluxe-Variante stellt Adobe Photoshop dar. Aber auch kostenlose Varianten á la Gimp sind durchaus zu empfehlen. Gimp finden Sie unter folgendem Link: http://www.gimp.org/downloads/

Auf dem Cover steht der Titel des Werkes, der Autor / die Autoren bzw. der Herausgeber (*Hrsg.*). Manche schreiben noch das Genre (*z. B. Roman, Sachbuch, Gedichte, etc.*) darauf. Scheuen Sie sich nicht, sich bei anderen eBooks Impressionen zu holen. Auch profesionelle Agenturen schauen sich auf dem Markt um, wie Genre-spezifisch gestaltet wird.

Dieses Buch kann sich leider nicht explizit mit der Bedienung von Grafiksoftware beschäftigen, da dies zu umfangreich wäre und wir vom eigentlichen Thema *"Der Gestaltung eines eBooks"* abkommen. Gerne kann ich aber in kurzen Arbeitsschritten aufzeigen, wie man mit der kostenlosen Grafikanwendung Gimp Text auf einem Foto einfügt.

Text auf Fotos mit Gimp - Schritt für Schritt:

- Zunächst öffnen Sie die Grafikdatei
- Dann klicken sie auf das A
- Sie haben nun die Möglichkeit, Schriftart, -größe, -farbe etc. einzustellen.
- In das nun entstandene Textfenster schreiben Sie den Text.
- Selbstverständlich können Sie den Text mit der Maus an eine beliebige Position verschieben.
- Das deutsche Handbuch für Gimp finden Sie unter http://docs.gimp.org/2.8/de/

(Quelle: Gimp 2.8 - Cover Katharina Obermaier)

Ihr fertig gestaltetes Cover speichern Sie als Grafik im JPEG-Format mit maximaler Qualität ab. Die entsprechende Datei fügen Sie in Ihrer Textverarbeitungsdatei auf der ersten Seite ein. Jetzt speichern sie die Textverarbeitungsdatei ab. Falls es sich immer noch um die Formate *doc oder *.docx handelt, speichern Sie bitte die Datei als *.htm bzw. *.html ab.

In Word (*ab 2007 Service Pack 3*) klicken Sie einfach auf die Microsoftkugel (*links oben*), dann auf "*Speichern unter*" und schließlich auf "*Andere Formate*". Wählen Sie dann unter **Dateityp** die Endung "***Website, gefiltert (*.htm, *.html)***" aus.

Eine evtl. Warnung, dass wordspezifische Tags entfernt werden, kann getrost bestätigt werden.

4. UMWANDELN IN DAS EBOOK-FORMAT MIT CALIBRE

"Wir haben viel Wandel in wenig Zeit zu bewältigen."

Adolf Ogi

Das Kindle kann ausschließlich das *.mobi*-Format lesen. Das gängige *.epub*-Format unterstützt der Kindle nicht. Somit ist man mit dem Kindle an Amazon's ebooks gebunden. Mit der kostenlosen Software **Calibre** kann man sein Manuskript in beide Formate umwandeln.

Das *.epub*-Format wird allerdings benötigt, falls Sie ihr ebook bei der Deutschen Nationalbibliothek einreichen wollen. (*siehe Kapitel 2.2*)

Calibre finden Sie für alle gängigen Betriebssysteme (*Windows, Windows 64bit, Linux, MacOS*):

http://calibre-ebook.com/download

Bitte laden Sie die entsprechende Version für Ihr Betriebssystem herunter. Wenn Sie nicht wissen, ob Sie das reguläre Windows oder Windows 64bit benutzen, drücken Sie bei laufendem

Betriebssystem einfach die Taste Windowstaste + Pause. Dann erscheint folgendes ein Systemfenster.

Im Bereich "*System*" unter "*Systemtyp*" finden Sie dann die Angaben, ob es sich um ein 32 oder 64 Bit-Betriebssystem handelt.

4.1 SCHRITT FÜR SCHRITT - ANLEITUNG CALIBRE

1. Sie klicken auf den Menüpunkt "*Bücher hinzufügen*" und im anschließenden Pull-Down-Menü auf "*Bücher aus einem einzelnen Verzeichnis hinzufügen*".
   Anschließend wählen Sie Ihr Website-Dokument mit der Endung *.htm* bzw. *.html* aus.
   Wählen Sie bitte **nicht** das *.doc* bzw. *.docx* Format !!!

2. Nun erscheint der Titel mit auf der Calibre-Liste. Klicken Sie den Titel einmal an.
   Klicken Sie dann auf den Menüpunkt "*Metadaten bearbeiten*".
   Folgendes (o. ä.) Bild erscheint:

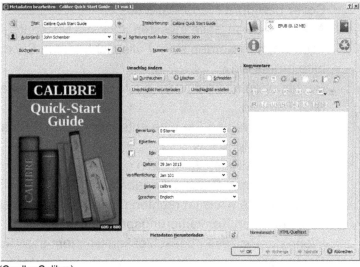

(Quelle: Calibre)

3. Nun geben Sie alle Daten zu Ihrem Buch ein.
Titel, die mitwirkenden **Autoren** (*einschließlich Sie selbst*), etc.
Unter **Sprachen** wählen Sie bitte die Sprache, in der das Buch verfasst wurde
(*in den allermeisten Fällen "Deutsch"*)
Bei **Verlag** geben Sie bitte Ihren Namen an. Sie gelten dann als Selbst-Verleger. Es sei denn sie publizieren das Buch im Auftrag eines Verlages bzw. Sie haben bereits einen eigenen Verlag gegründet. In diesem Falle tragen Sie bitte den Namen des Verlages ein.
Unter **Etiketten** geben Sie bitte die Schlagwörter an, die am ehesten auf Ihr Buch zutreffen. Trennen Sie diese bitte durch ein Komma.
Unter der Rubrik **Umschlagbild** wählen Sie bitte unter "*Durchsuchen*" ihr entsprechendes Buchcover im **.jpeg* bzw. **.jpg* - Format aus.
Anschließend bestätigen Sie Ihre Eingaben mit OK

4. Als Nächstes klicken Sie auf den Button "*Bücher konvertieren*".
Wenn alles geklappt hat, müssten Sie jetzt Ihr **Umschlagbild** sehen. Wenn nicht, wählen sie erneut Ihr Cover bzw. Ihre **.jpg* - Datei aus.
Auf der rechten Seite müssten auch die Metadaten übernommen worden sein. Falls nicht, geben Sie diese bitte erneut ein.
Rechts oben im Feld muss das **Ausgabe-Format** auf **MOBI** stehen.
Falls nicht, wählen Sie bitte entsprechenden Format im Pull-Down-Menü aus.
Jede andere Einstellung kann so bleiben.
Jetzt bestätigen Sie ihre Angaben mit OK.

5. Der animierte Kreis im rechten unteren Feld symbolisiert den laufenden Konvertierungsprozess.
Wenn der Prozess abgeschlossen ist, steht das "*Rad*" still.
Rechts oben unter dem Cover müsste jetzt unter **Formate** auch **MOBI** stehen.

6. Nun klicken Sie auf das auf den Pfeil nach unten des Symbols *"Auf Festplatte speichern"* und wählen im Pull-Down-Menü den Punkt *"Nur das Format MOBI auf Festplatte speichern"* aus.
Anschließend wählen Sie den Speicherort der MOBI-Datei. Merken Sie sich den Speicherort, denn dies ist die Datei, die Sie im Kindle Previewer testen und später auf http://kdp.amazon.com hochladen.

Anmerkung: Wenn Sie ein Exemplar Ihres eBooks in der Deutschen Nationalbibliothek einreichen wollen, müssen Sie es zusätzlich in das **.epub* - Format umwandeln.

Wiederholen Sie dann den Konvertierungsvorgang, in dem Sie das Ausgabe-Format von **MOBI** auf **epub** umstellen.

Warum Sie das evtl. machen sollten erfahren Sie im *Kapitel 2.2 Rechtliches*.

4.2 PRÜFEN DES EBOOKS MIT DEM KINDLE PREVIEWER
Bevor Sie das eBook hochladen, überprüfen wir, ob die Konvertierung gelungen ist.

Den Kindle Previewer können Sie unter folgendem Link herunterladen:

- http://www.amazon.com/gp/feature.html?ie=UTF8&docId=1000765261

Über den Menüpunkt "Datei" können Sie über "Buch öffnen" ihre **.mobi Datei zur Überprüfung auswählen.

In der oberen Leiste können Sie ihr Buch betrachten, wie es unter den drei eBook-Readern Kindle, Kindle Paperwhite und Kindle DX aussieht.

Testen Sie auch den Button "*Cover*" (Der Baum auf dem Stapel Papier), ob er auch zum Cover des Buches springt und wie es aussieht. Gleiches gilt für den Button "*Inhaltsangabe*" gleich rechts daneben. Bei einem Klick dieses Buttons müsste er sofort zum Inhaltsverzeichnis springen. Probieren Sie auch aus, ob die Links in dem Inhaltsverzeichnis funktionieren und Sie zum jeweiligen Kapitel gelangen.

Wenn alles geprüft wurde und in Ordnung ist, steht einer Veröffentlichung jetzt nichts mehr im Wege.

5. BEREITSTELLEN DES EBOOKS AUF AMAZON

Jetzt können Sie an dem Kindle Direct Publishing (KDP) - Programm von Amazon teilnehmen.

Geben sie dazu im Browser folgende Adresse ein:

* http://kdp.amazon.com

Hier können Sie sich mit Ihren regulären Amazon-Daten anmelden. Wenn Sie bisher keinen Amazon-Account haben, müssen Sie sich zunächst mit einer gültigen eMail-Adresse registrieren.

5.1 EINRICHTUNG DES KONTOS BEI KDP

Wenn Sie das erste Mal KDP nutzen, müssen sie unter "*Mein Konto*" Ihre Daten eingeben. Geben Sie unbedingt Ihre reale Post-Adresse mit dem realen Namen an. Auch wenn Sie unter Pseudonym veröffentlichen. Andernfalls können Ihre Tantiemen nicht überwiesen werden.

Als nächstes geben Sie Ihre Bankverbindung ein. Hierzu benötigen Sie Ihre International Bank Account Number (IBAN) und den Bank Identifier Code (BIC) Ihres Kontos, da die Zahlungen aus dem Ausland überweisen werden. Informieren Sie sich bei Ihrer Bank bzw. wenn Sie Online-Banking nutzen, können bei den meisten Banken diese beiden Nummern auch angezeigt werden.

5.2 Ab ins Bücherregal

Wenn die Anschrift und die Kontodaten im KDP - Konto angelegt wurden, können Sie Ihr Bücherregal nutzen. Dort werden alle Bücher gespeichert, die Sie hochgeladen bzw. angelegt haben.

Klicken Sie auf *"Einen neuen Titel hinzufügen"*:

Zunächst werden Sie mit der überdimensionalen Einladung empfangen, Ihr Werk bei KDP Select anzumelden. Wenn Sie sich hierfür entscheiden (*mit einer Mindestlaufzeit von 90 Tagen*), haben Sie diverse Vorteile. Sie können beispielsweise ihr Buch zu Werbezwecke mit bis zu 5 planbaren Tagen kostenfrei anbieten. Außerdem kann man es zum Ausleihen für Amazon Prime Kunden anbieten. Dadurch kann Ihr Buch im Ranking steigen. Allerdings hat KDP Select einen Haken. Sie dürfen Ihr Werk ausschließlich auf Amazon und nicht bei weiteren Anbietern mit einer Laufzeit bis zu 90 Tagen anbieten. Außerdem hat man die Möglichkeit einen Preis zu wählen, bei dem man bis zu 70% Tantiemen bei Verkauf erhält, statt den üblichen 35%.

Entscheiden Sie selbst.

Nun geben Sie den **Buchtitel** ein. Falls das Buch zu einer Serie zählt (also Band 1, 2 etc. …) setzen Sie einen Haken auf *"Dieses Buch gehört zu einer Serie"* und geben den Serientitel und die Bandnummer (*1, 2, 3 …*) an.

Optional (*also freiwillig*) können Sie Ihre eBooks auch mit einer **Seriennummer** ausstatten. Damit ist im klassischen Sinne die Auflage gemeint. Angenommen das ist Ihre erste Version können Sie dort eine 1 angeben. Wenn es sich um eine überarbeitete Auflage handelt, können Sie dort eine 2 angeben etc. … Der Kindle-User wird dann informiert, dass eine neuere Ausgabe des

Werkes vorhanden ist und er sich als Käufer der vorherigen Ausgabe diese kostenlos aktualisieren lassen kann.

Unter **Verlag** geben Sie Ihren eigenen Namen an, da Sie im juristischen Sinne als Verleger auftreten (*und auch haften*). Wenn sie im Auftrag eines Verlages handeln bzw. bereits ein Verlag gegründet haben, wird natürlich dessen Name eingetragen.

Nun folgt die **Beschreibung** Ihres Buches. Fassen Sie mit wenigen aussagekräftigen Worten Ihr Buch kurz und prägnant zusammen, so dass es potentielle Kunden zum Kauf animiert.

Die wenigsten Kindle-Autoren wissen, dass sie Ihre Beschreibung auch gestalten können. Diese optischen Hilfsmittel würde ich dringend nutzen. Aber auch hierbei gilt die Devise: *"Weniger ist mehr"* oder aber kurz und prägnant: *"übertreiben Sie es nicht!!!"*

Hier ein Überblick der möglichen **Formatierungen in der Buchbeschreibung**:

- Um den Text als **FETT** zu formatieren, nutzen Sie folgenden Code:
  `&lt;b&gt;TEXT&lt;/b&gt;`
- Um den Text *KURSIV* zu formatieren, nutzen Sie folgenden Code:
  `&lt;i&gt;TEXT&lt;/i&gt;`
- Um den Text zu zentrieren, nutzen Sie folgenden Code:
  `&lt;center&gt;TEXT&lt;/center&gt;`
- Überschriften können auch zugeordnet werden.
  Die größte Überschrift wäre H1, die nächste untergeordnete Überschrift ist H2, danach H3.
  Der Code sieht wie folgt aus:
  `&lt;h1&gt;TEXT&lt;/h1&gt;`
  Die nächst untergeordnete Überschrift wäre

```
&lt;h2&gt;TEXT&lt;/h2&gt;
```
etc.
- Nummerierte Listen (1. 2. ...) setzt man wie folgt:
```
&lt;ol&gt;
&lt;li&gt;TEXT&lt;/li&gt;
&lt;li&gt;TEXT&lt;/li&gt;
&lt;/ol&gt;
```
- Unnummerierte Liste (mit Pünktchen) setzt man so:
```
&lt;ul&gt;
&lt;li&gt;TEXT&lt;/li&gt;
&lt;li&gt;TEXT&lt;/li&gt;
&lt;/ul&gt;
```

Unter **Mitwirkende** fügen Sie unbedingt alle Beitragenden hinzu. Vergessen Sie sich selbst nicht!

Unter den **Beitragenden** versteht man folgender Personen:

- Autor
- Herausgeber
- Verfasser des Vorworts
- Illustrator
- Verfasser einer Einführung
- Fotograf
- Übersetzer
- den Verfasser einer Einleitung
- etc. ...

Sie können bei Bedarf ein **Veröffentlichungsdatum** optional setzen, wenn Sie ihr Werk erst zu einem bestimmten Zeitpunkt veröffentlichen wollen. Bedenken Sie aber, dass Amazon das eingereichte eBook sowieso erst prüft und eine Freischaltung bis zu 24 Stunden in Anspruch nehmen kann.

Bitte geben Sie nur eine **Internationale Standardbuchnummer**

(ISBN) an, wenn eine existiert. Falls nicht, lassen Sie das Feld einfach frei.

Als nächstes folgt die Aufforderung, die Veröffentlichungsrechte zu überprüfen. Hierbei gibt es zwei Optionen:

- Dieses Werk ist gemeinfrei.
- Dieses Werk ist nicht gemeinfrei. Ich bin Eigentümer der erforderlichen Veröffentlichungsrechte.

In den meisten Fällen setzen Sie den Punkt auf *"Dieses Werk ist nicht gemeinfrei. Ich bin Eigentümer der erforderlichen Veröffentlichungsrechte"*, wenn Sie auch tatsächlich der Eigentümer sind. Aber dies setzte ich voraus.

"Dieses Werk ist gemeinfrei" bedeutet, dass der relevante Urheberrechtsschutz für ein Buch abgelaufen ist. Im Klartext bedeutet dies, es gibt keinen "Urheber" mehr der Rechte an dem Buch besitzt und daher kann es die *"Allgemeinheit"* verwenden und auch veröffentlichen.

Als nächstes wählen Sie eine passende **Kategorie** aus. Orientieren Sie sich dabei getrost an Vorbildern. Wie zuvor in Calibre haben Sie jetzt auch die Möglichkeit bis zu 7 Schlagwörter anzugeben, die Ihr eBook am treffendsten umschreiben. Ich kann jedem nur raten, diese Option zu nutzen, auch wenn sie von KPD optional angeboten wird.

Unter 4. laden Sie Ihr **Buchdeckelbild** oder auch Cover als *.jpg bzw. *.jpeg hoch. Zu guter Letzt wählen Sie unter 5. Ihre **Buchinhaltsdatei** *.mobi aus und aktivieren die **Digitale**

Rechteverwaltung. Es sei denn, Sie verzichten auf etwaigen Kopierschutz Ihrer Datei.

Nun klicken Sie nur noch auf "*Speichern und Fortsetzen*" und schon ist die erste Hürde gemeistert.

Danach bestimmen Sie unter **Veröffentlichungsgebiet**, an welchen Orten der Welt Sie Ihr eBook anbieten wollen. Sie können dabei "*weltweit*" oder die Länder vereinzelt anwählen. Beachten Sie hierbei, dass Sie die Rechte an dem ebook in allen Ländern besitzen.

Jetzt wählen Sie aus, wie viel **Tantiemen** (= *Anteil des Umsatzes*) Sie bekommen wollen. Sie bekommen im nachfolgenden Kapitel "Preisgestaltung" noch eine ausführliche Erklärung. Zur Auswahl stehen 35 % oder 70 %. Diese Option steht Ihnen nur zur Verfügung, falls Sie am KDP Select Verfahren teilnehmen.

Wenn Sie Ihr Buch zum Verleih für Amazon Prime Kunden anbieten wollen, setzten Sie auf "*Kindle Buchausleihe erlauben*" einen Haken. Auch diese Möglichkeit steht Ihnen nur als KDP Select Teilnehmer zur Verfügung.

Zu guter Letzt setzen Sie eine Haken auf "*Durch das Klicken auf "Speichern und veröffentlichen" bestätige ich, dass ich alle erforderlichen Rechte besitze, um diesen Inhalt, den ich hoch lade, in jedem der oben angegebenen Gebiete zu vermarkten, zu vertreiben und zu verkaufen, und dass ich die Allgemeinen Geschäftsbedingungen von KDP einhalten werde.*"

Und schon steht Ihr eBook nach einer maximal 48 stündigen Bearbeitungszeit auf Amazon zur Verfügung.

5.3 PREISGESTALTUNG / BUCHPREISBINDUNG

Es gibt zwei Möglichkeiten der Preisgestaltung beim Kindle Direct Publishing (KDP). Wenn Sie sich für das KDP-Select-Programm entschieden haben, können Sie zwischen 35% und 70% Tantiemen wählen.

35% Tantiemen gibt es ...

- ... bei Preisen unterhalb von 2,76 € bzw. 2,68 € ohne Mehrwertsteuer
- ... bei Preisen ab 9,99 €

70% Tantiemen gibt es ...

- ... bei der Teilnahme am KDP Select Programm ...
- ... und Preisen zwischen 2,60 € und 9,70 € netto.
  (*Dies entspricht 2,68 € bis 9,99 € brutto*)

Bedenken Sie, dass Sie nur Nettopreise eingeben können. Um den Bruttosatz zu berechnen, müssen Sie den luxemburgischen Steuersatz von 3% heranziehen, da sich dort der europäische Hauptsitz von Amazons KDP befindet.

Nutzen Sie hierzu folgende Formel:

```
Gewünschter Preis / 103 * 100 = Bei KDP
anzugebender Preis
```

Beispiel 1 (*bei 35 % Tantiemen*):

Sie wollen Ihr Buch für **0,99 €** verkaufen.

```
0,99 / 103 * 100 = 0,96...
```

Sie müssen also **0,96 €** im KDP angeben.

Beispiel 2 (*bei 70 % Tantiemen*)

Sie wollen Ihr Buch für **2,99 €** verkaufen

```
2,99 / 103 * 100 = 2,90...
```

Sie müssen also **2,90 €** im KDP angeben.

Es liegt also an Ihnen, zu welchem Preis Sie ihr Buch verkaufen wollen. Als Erstlingsautor würde ich mich von der Preisgestaltung orientiert an Bestseller-Autoren fernhalten. Wenn sie nicht extra ein Lektorat bemüht haben, sind bei Romanen etc. bis zu 0,99 € realistisch und bei Sachbüchern bis zu 2,99 €. Falls Sie die ersten Kunden-Rezensionen erhalten, die sich zwischen 4 und 5 Sternen belaufen und Sie sich allmählich der Top 100 Verkaufsliste nähern, können Sie bei Ihrem nächsten eBook ruhig den Preis erhöhen. Es ist zwar technisch ohne weiteres Möglich, den Preis zu verändern (*mit max. 48 stündiger Bearbeitungszeit*). Dies halte ich aber nicht für sonderlich fair. Es macht keinen guten Eindruck wenn Sie ein 14tägiges Preis-Hopping veranstalten.

Selbstverständlich unterliegen Sie der **Buchpreisbindung**. Dies ist geregelt im Buchpreisbindungsgesetz (*BuchPrG*). Das bedeutet, Sie dürfen an anderer Stelle Ihr eBook nicht preiswerter verkaufen. Dies gilt es zu beachten!

Unter folgendem Link können sie das **BuchPrG** genauer studieren:

- http://www.gesetze-im-internet.de/buchprg/

[**Update:**] Seit dem 1. Januar 2015 gelten neue Bestimmungen.
Nachteil: Es werden nun 19 % Mehrwertsteuer in Deutschland herangezogen.
Vorteil: Die Eingabe des Preises erfolgt nun direkt und ohne komplizierte Formel.
Den Preis, den man haben möchte, kann man nun direkt ohne komplizierte Formel eintragen.

6. Bewerben des Buches

6.1 Grundsätzliches

Zunächst gratuliere ich Ihnen. Ihr Buch wurde als ebook veröffentlicht und wird im Amazon Kindle Shop zum Verkauf angeboten. Erwarten Sie aber jetzt bitte nicht, dass sie innerhalb weniger Augenblicke Ihr eBook gleich verkaufen. Dazu muss noch einiges getan werden.

Übrigens, Amazon zahlt Tantiemen erst nach etwa 60 Tagen aus.

Ihre aktuellen Verkaufszahlen können sie auf Ihrem KPD-Konto einsehen:

Unter http://kdp.amazon.com klicken Sie einfach auf "*Berichte*"

Nutzen Sie, wenn Sie beim KDP-Select-Programm teilnehmen, die 5 planbaren Tage, an denen Sie Ihr Werk kostenlos anbieten können. Teilen Sie dies via Facebook, Twitter und Co und auch auf Ihrer Homepage bzw. Ihrem Blog mit.

siehe Kapitel "*6.4 Facebook-Seite / Twitter-Profil & Co. anlegen*" und "*6.5 Eigene Homepage (mit Wordpress) erstellen*"

Wie plane ich eine Gratis-Aktion?

Klicken Sie unter http://kdp.amazon.com erneut auf Ihr Bücherregal. Markieren Sie das entsprechende Buch, dass Sie als Gratisexemplar anbieten möchten. Klicken Sie anschließend auf *"Aktionen"* und auf *"Werbeaktionen verwalten"* Nun können Sie unter dem recht unscheinbaren Punkt *"neu"* eine Gratisaktion schalten. Bedenken Sie, dass es an dem Tag ein paar Stunden dauern kann, bis die Aktion soweit frei geschalten wurde. Meistens dürfte es ab 10 Uhr aber soweit sein.

6.2 AMAZON AUTOREN SEITE

Eine Amazon-Autoren-Seite ist seitens Amazon nicht vorgeschrieben aber dennoch sehr zu empfehlen. Melden Sie sich mit Ihren Amazon-Daten unter folgender Homepage an:

- https://authorcentral.amazon.de/

Unter dem Punkt *"Bearbeiten Sie die Liste Ihrer Bücher"* fügen Sie zunächst all Ihre bisherigen Publikationen auf Amazon hinzu. Alternativ können Sie auch auf *"Ein Buch zu Ihrer Autorenseite hinzufügen"* klicken.

Nun wenden wir uns dem Punkt *"Hinzufügen von Multimedia-Inhalten, Twitter-Feeds oder Veranstaltungen zu Ihren Author Central-Profil"* zu.

Wie andere Nutzer Ihr Profil sehen, können Sie mit einem Klick auf *"Besuchen Sie die Seite von Autorenname auf Amazon"* prüfen.

6.2.1 BIOGRAFIE

Eine Biografie dient dazu, dem Leser bzw. der Leserin die Möglichkeit zu geben, sich von Ihnen ein Bild machen zu können. Ich würde die Biografie kurz halten, auf das Wesentliche beschränken und - auch wenn Sie die Kurzbiografie selber verfassen - in der 3. Person schreiben. In Biografien hat sich die 3. Person - Beschreibung bewährt. Wenn sie die Biografie selbst schreiben, können Sie dies zunächst in der ICH-Form zu Ihrer Vereinfachung schreiben. Aber bitte formulieren sie Sie dann anschließend um.

Verwechseln Sie eine Biografie nicht mit einem Lebenslauf. Zunächst können Sie damit beginnen, wo und wann Sie geboren wurden und evtl. auch noch in aller Kürze wie sie aufgewachsen sind. Wenn Sie gar nicht wissen, was Sie schreiben sollen, erwähnen Sie was Sie beruflich machen und wie Sie zum Schreiben gekommen sind. Die Kurzbiografie muss entsprechend Ihrer Art der Bücher angepasst werden. Wenn Sie Reiseberichte veröffentlichen, schreiben Sie kurz über Ihre Reisen und warum Sie sich entschieden haben, darüber zu schreiben. Wenn Sie Familiendramen bzw. Romane schreiben, erzählen Sie ein wenig etwas detaillierter wie sie aufgewachsen sind und was Sie dazu bewegt hat über Familien zu schreiben. Egal über welche Thema Sie auch schreiben - Fantasy, Science Fiction, Politik, Geschichte, Beziehungen, Liebe, Tragödien, Thriller, Krimi, Kindergeschichten, Kochbücher, Reiseberichte, Ratgeber etc. ... - versuchen Sie eine Verbindung herzustellen!

Wenn Sie Ihren Text geschrieben haben, veröffentlichen Sie ihn nicht gleich. Schauen Sie ihn sich an einem anderen Tag mit etwas Abstand wieder an und überlegen, ob dieser noch schlüssig bzw. in sich stimmig ist.

6.2.2 FOTOS

Bereichern Sie Ihre Autorenseite mit einem freundlichen Bild. Die Leserschaft möchte wissen, wie der Autor aussieht. Am besten wählen Sie ein Motiv, dass Sie während des Lesens, des Schreibens, vor einer Bücherwand oder ähnlichem abbildet. Unbewusst assoziiert das der Leser bzw. die Leserin mit einem "echten" Autor. Wenn Sie Reiseberichte schreiben, dann können Sie auch Reisebilder, auf denen Sie zu sehen sind, verwenden. Haben Sie ein Sachbuch zur Kosmetik oder Mode geschrieben, sollten Sie natürlich ein Foto wählen, auf dem Sie entsprechend gestylet sind. Versuchen Sie einen Bezug zu den Themen Ihrer Bücher, dem Schreiben oder dem Lesen herzustellen. Auch hier gilt es selbstverständlich, geltende Bild- und Urheberrechte zu beachten.

6.2.3 VIDEOS

Im Volksmund heißt es "Ein Bild sagt mehr als tausend Worte." Ich frage mich, wovon erzählt dann ein Video mit 25 Bildern pro Sekunde!?

Ein Video mit bzw. von Ihnen auf Ihrer Autorenseite birgt den großen Vorteil, dass der Betrachter sich noch mehr mit Ihnen identifizieren kann. Zu Sachthemen eignen sich Interviews bzw. Imagefilme hervorragend. Auch hier kann man natürlich professionelle Hilfe von Werbeagenturen einholen. Es gibt aber auch vereinfachte Methoden, ein Video zu erstellen.

Weiteres finden Sie hierzu im Kapitel "6.3 Werbevideos auf Youtube"

6.2.4 TWITTER

Um aktuelle Informationen auf Ihrer Autorenseite zu hinterlassen und somit den Leser zum mehrmaligen Aufrufen Ihrer Autorenseite zu bewegen, ist es gut, den Kurznachrichtendienst Twitter zu nutzen. Für diejenigen, die Twitter nicht kennen: Es handelt sich um eine Art öffentliche Kurznachrichten- bzw. SMS-Plattform, auf der Sie Mitteilungen (einschließlich Links) mit bis zu

140 Zeichen schreiben können. Andere Nutzer haben dann die Möglichkeiten Ihnen zu folgen. Auf diesem Wege können Sie über aktuelle Lesungen, Interviews, Neuerungen bzw. Ankündigungen über Ihr Autoren-Dasein und Ihre Werke berichten. Selbstverständlich können Sie Ihre Twitter-Meldungen mit Ihrer Homepage, Ihren RSS-Feeds bzw. Ihrem Blog (*und umgekehrt*) verknüpfen.

Einzelheiten erfahren sie unter dem Kapitel "*6.4 Facebook-Seite und Twitter-Profil anlegen*"

Wenn Sie noch keinen Twitter-Account haben, dann können sie sich einen anlegen unter:

- http://www.twitter.com

6.2.5 VERANSTALTUNGEN

Um als Autor bekannt zu werden, kommen Sie nicht darum herum, sich an Plätze der Öffentlichkeit zu begeben, Lesungen zu halten, Kontakt mit der Presse und anderen Kulturschaffenden aufzunehmen und Rede und Antwort zu stehen. Welche Möglichkeiten es gibt und wie Sie an solchen Events teilnehmen, erfahren Sie im Kapitel "*6.6 Soziale Netzwerke / Communities*".

Wenn Sie Termine bzw. Veranstaltungen haben, dann tragen Sie dies bitte auch in Ihren Veranstaltungskalender auf Amazons Autorenprofil ein. Dies zeigt der potentiellen Leserschaft, dass Sie gefragt sind und auch den Zugang zum "*Real Life*" - dem "*echten Leben*" nicht scheuen.

6.3 WERBEVIDEO AUF YOUTUBE

Wie Sie im Kapitel "*Amazon Autoren Seite*" erfahren haben, können Sie auf Ihrem Autorenprofil von Amazon ein Video veröffentlichen. Selbstverständlich können Sie diese und weitere auf Youtube hochladen. Youtube verbucht ca. 2 Milliarden Zugriffe pro Tag. Daher ist es nur von Vorteil diese Plattform zu nutzen, um Leserinnen bzw. Leser zu erreichen.

Einen YouTube-Account können Sie über Ihren Google-Account erstellen. Wenn Sie auch diesen nicht haben, können Sie sich auf YouTube einfach registrieren:

- http://www.youtube.de

Natürlich können Sie Werbeagenturen, Mediengestalter o. ä. beauftragen, ein Imagefilm zu drehen. Vielleicht kann man ja auch Studenten bzw. AZUBI's in diesem Metier erreichen.

Wenn Sie aber entsprechende Zeit und/oder Geld nicht investieren wollen oder können, zeige ich Ihnen, wie Sie ganz einfach ein eigenes WerbeVideo erstellen.

6.3.1 VIDEOS MIT DER FREEWARE "FOTOSTORY 3"
Installieren Sie sich zunächst die kostenlose Software "*Microsoft Photo Story 3*" bzw. "*Microsoft Fotostory 3*" auf Ihrem PC. Lassen Sie sich durch den Beisatz "für Windows XP" nicht abschrecken. Diese Software läuft auch auf Windows Vista und 7. (*Windows 8 konnte ich nicht testen, ich vermute allerdings, dass es darauf auch ohne Probleme laufen wird*)

Der Link zum Download

- http://www.chip.de/downloads/Microsoft-Photo-Story_13014707.html

Schritt für Schritt - die Cover - Variante

Wenn Sie das Programm geöffnet haben, setzen Sie Ihre Auswahl auf "*Mit neuer Fotostory beginnen*" und klicken Sie auf "*Weiter*".

Anschließend klicken Sie auf "*Bilder importieren*" und wählen Ihr Coverbild aus. Danach können Sie bei Bedarf "*Schwarze Ränder entfernen*" klicken und sehen nach, wie ein Ausschnitt Ihres Covers wirkt:

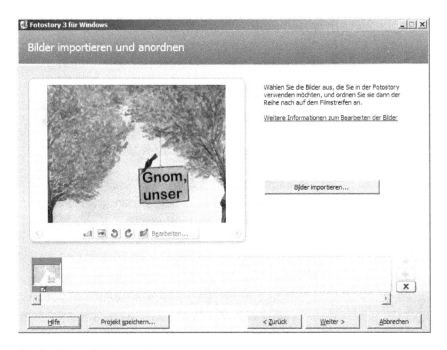

(Quelle: Microsoft Fotostory 3)

Diesen Schritt wiederholen Sie jetzt ein paar Mal, damit sich die untere Zeitleiste (*die sog. Timeline*) füllt.

Wenn Sie ausreichend Bilder ein und desselben Ausschnitts eingefügt haben, klicken Sie "*Weiter*".

Nun überlegen Sie sich einen kurzen spannenden Text, den Sie Zeile für Zeile in der selben Schriftart eingeben.

Als nächstes kommen Sie zu dem Menüpunkt "*Hintergrundmusik zur Fotostory hinzufügen*".

Klicken Sie hierbei wieder auf Ihr allererstes Bild. Sie können jetzt eine Musikdatei auswählen oder aber Sie kreieren selbst GEMA-freie Musik unter dem Punkt *"Musik erstellen"*. Letzteres würde ich auch anraten, um keine Lizenzrechte zu verletzen, wenn Sie das Video auf Youtube bzw. der Amazonautorenseite veröffentlichen wollen. Unter "Vorschau" können Sie das Video ansehen.

Wenn Sie zufrieden sind, kommen Sie mit einem erneuten Klick des Buttons *"Weiter"* in den Bereich *"Fotostory speichern"*. Wählen Sie jetzt die Aktivität *"Speichern Sie Ihre Fotostory für die Wiedergabe auf dem Computer"*. Unter *"Dateiname"* können sie jetzt Speicherort und Name der Datei benennen.

Bei *"Qualitätseinstellungen"* wählen Sie bitte *"Profil für Computer 3"*. Mit einem anschließenden *"Weiter"* wird das Video berechnet. Im Anschluss können Sie getrost auf Beenden klicken und auf Nachfrage das Projekt separat in einer Projekt-Datei zur nachträglichen Bearbeitung speichern. Anschließend können Sie die Videodatei in Ihrem Media Player anschauen. Wenn alles zu Ihrer Zufriedenheit ausgefallen ist, laden Sie dieses Video jetzt auf Ihrem Amazon Autoren-Profil (siehe Kapitel 6.2.3) oder auf YouTube hoch.

Hierzu melden Sie sich auf Youtube an und klicken auf *"Dein Video hochladen"*. Anschließend wählen Sie Ihre Video- (*nicht Projektdatei*) mit der Endung **.wmf* aus. Während des Uploads geben Sie bitte Titel, eine Beschreibung und Tags (= *Schlagworte*) an. In der Beschreibung würde ich auch relativ weit oben ein Link zu Ihrem eBook auf Amazon setzen, so dass die Betrachter des Videos bei Interesse gleich darauf klicken können, ohne das Beschreibungsfeld erst mühsam aufklappen zu müssen. Die Schlagworte bzw. Tags sollten auch in der Beschreibung enthalten sein. Nun ist die Kategorie noch zu bestimmen und der Datenschutz sollte auf *"Zeige dein Video der ganzen Welt (empfohlen)"* stehen. Anschließend klicken Sie auf *"Änderungen speichern"*

Wenn Sie bereits soziale Netzwerke nutzen, scheuen Sie sich nicht davor auf Facebook, Twitter, Xing und google+ (*Meine*

Kreise: Öffentlich) ihr Video zu teilen. Nutzen Sie so etwas noch nicht, sollten Sie unbedingt das Kapitel "*6.4 Facebook-Seite / Twitter-Profil & Co. anlegen*" lesen.

6.3.2 YOUTUBE'S VIDEO EDITOR

Übrigens, Youtube bringt bereits seine eigene Schnittsoftware online mit. Melden Sie sich unter Ihrem YouTube-Account an. Klicken Sie auf Ihren "*Video Manager*". Dort sehen Sie u. a. die von Ihnen hochgeladenen Videos. Klicken sie jetzt auf "*Bearbeiten*". Nun haben Sie oben die Option "*Video verbessern*" neben einem kleinen Zauberstab stehen. Bereits an dieser Stelle können Sie vereinfachte Video- / Bildkorrekturen vornehmen. Rechts unten gibt es das Feld "*Youtube-Video-Editor testen*". Hinter diesem unscheinbarem Button verbirgt sich ein fantastisches Schnittprogramm, dass Sie noch nicht einmal installieren müssen, sondern direkt in Ihrem Browser anwenden können - kostenlos!

6.4 FACEBOOK-SEITE / TWITTER-PROFIL & CO. ANLEGEN

Halten Sie von Sozialen Netzwerken was Sie wollen … um Ihr Buch zu bewerben kommen Sie um folgende Accounts nicht herum:

- Twitter
  http://twitter.com/
- Facebook
  http://www.facebook.de
- Google+
  http://plus.google.com
- Xing
  http://www.xing.com/de

Sie sollten sich bei allen registrieren. Falls Sie keine eBooks schreiben, die für den Buisnesssektor interessant sind, können Sie Xing evtl. ausklammern. Xing ist so eine Art "seriöses" Facebook für Job, Karriere, Business. Aber auch dort tummeln sich Mitarbeiter von Verlagen, Lektoraten etc.

Twitter und Facebook lassen sich auch mit Ihren RSS-Feeds Ihres Blog verknüpfen. Im Klartext bedeutet dies, sobald sie die Accounts miteinander verknüpft haben und einen neuen Artikel in ihrem Blog erstellen, können Sie diesen automatisch Ihren Facebook-Nutzern und Twitter-Followern mitteilen. (*siehe Kapitel 6.5.8 Automatisiertes Teilen neuer Artikel in Wordpress auf Twitter und Facebook*)

Vergessen Sie nicht, Ihren Twitter-Account mit Ihrer Amazon Autoren Website zu verknüpfen. (siehe Kapitel "*6.2 Amazon Autorenseite*")

Man kann sich in sogenannten Facebook-Gruppen austauschen.

Folgende Facebook-Gruppen sind zu empfehlen:

Zunächst solche, in denen Eigenwerbung (*falls es thematisch passt*) erlaubt ist:

- eBooks für 99 Cent
  http://www.facebook.com/groups/457067057686452/
- eBooks für Kinder
  http://www.facebook.com/groups/237854896350129/
- Ebooks: Ich bei dir - du bei mir
  http://www.facebook.com/groups/112474598909820/

Nun folgen die Gruppen, in denen man Eigenwerbung unterlassen sollte, sich aber wertvolle Tipps und Ratschläge einholen kann:

- SELF PUBLISHING
  http://www.facebook.com/groups/184413921615603/
- Buchstabenjunkies
  http://www.facebook.com/groups/449818695069512/
- Deutsche Autoren - Englische Bücher
  http://www.facebook.com/groups/German.US.Books/

Falls Sie eine Gratisaktion mit Ihrem eBook geschalten haben, weisen Sie folgende User via einer persönlichen Nachricht (Option "*Nachricht senden*") auf aktuelle Gratisangebote hin:

- BuchRegen Gratis Kindle Ebooks
  http://www.facebook.com/buchregen
- Xtme.de: Gute eBooks - kostenlos und preiswert
  http://www.facebook.com/xtme.de
- Legale kostenlose eBooks
  http://www.facebook.com/LegaleKostenloseEBooks

Wie Sie selbst Gratis-Aktionen verwalten, haben Sie im Kapitel "*6.1 Grundsätzliches - Wie plane ich eine Gratisaktion?*" erfahren.

Legen Sie selbst eine eigene Facebook-Seite für Ihren Buchtitel an. Um eine Facebook-Seite zu erstellen, melden Sie sich in Facebook an. Auf der linken Seite befindet sich die Kategorie "*Seiten*". Darunter klicken Sie auf "*mehr*", anschließend auf "+ *Seite erstellen*" Unter der Rubrik "*Unterhaltung*" finden Sie die Kategorie "*Buch*". Geben Sie nun den Titel des Werkes ein. Wichtig! Beschreiben Sie unter Info kurz den Inhalt und geben Sie auf jeden Fall ein Impressum an. Am besten verlinken Sie es mit dem Impressum Ihrer Homepage. Sie sind verpflichtet ein Impressum zu schalten, welches spätestens nach zwei Klicks zu erreichen ist. Weiteres zum Thema Impressum, Impressumsgenerator etc. erfahren Sie im Kapitel "*6.5.4 Impressum anlegen*"

Ihre Facebook-Seite können Sie auch in Ihrem Blog via der Website integrieren:

- http://developers.facebook.com/docs/reference/plugins/follow/

Auch dazu mehr im anschließenden Kapitel.

6.5 Eigene Homepage mit Wordpress erstellen

6.5.1 Grundlagen
Sie haben noch keine eigene Homepage zu Vermarktung Ihres Buches? Na dann aber los.

Sie benötigen Webspace.

Ich empfehle 1und1 (*das kostet*) und ein sogennanntes Content Management System (*kurz: CMS*). Verwenden Sie Wordpress (*das kostet nix*). Die bei der Fertigstellung dieses ebooks aktuelle Version ist 3.5.1.

Sie finden die zum Upload und zur Einrichtung notwendigen Dateien unter:

* http://de.wordpress.org/

Laden Sie die ZIP-Datei herunter. Anschließend klicken Sie auf die ZIP-Datei in Ihrem Ordner mit der rechten Maustaste an und klicken auf "*Alle extrahieren*" und anschließend auf "*Weiter*".

Merken Sie sich den Speicherort.

Jetzt benötigen Sie noch sogenannten Webspace … also einen Server im Netz, auf der Sie Ihre Homepage ablegen können. Dieser muss php unterstützen und eine Datenbank zur Verfügung stellen. Ich empfehle den weit verbreiteten und qualitativ guten Webspace von 1&1. Im ersten Jahr kosten 12 Monate je 0,29 € danach 0,49 €. Es wird das komplette Jahr im Voraus in Rechnung gestellt.

Klicken Sie dazu auf folgenden Link:

* http://hosting.1und1.com/?kwk=2081987

Anschließend klicken Sie auf "*Domain Angebote*":

Prüfen Sie ob Ihre Wunsch-Domain - also die Internetadresse - noch zur Verfügung steht, in dem Sie unter Wunsch-Domain den gewünschten Namen eingeben. Der Haken auf eine .de - Adresse reicht. Falls Die Adresse verfügbar ist, können Sie direkt auf "Weiter" und anschließend auf "Domain jetzt registrieren" klicken. Entfernen Sie die Haken bei den anderen vorgeschlagenen Domains mit .eu .com .net .org .info Das kostet nur zusätzliches unnötiges Geld. Mit einem Klick auf "Weiter" fahren sie fort. Nun füllen Sie alle Angaben aus. Merken Sie sich Ihren Nutzernamen und das Passwort.

Jetzt haben Sie alle Voraussetzungen geschaffen, um eine Homepage zu erstellen.

6.5.2 WORDPRESS AUF WEBSPACE (AM BEISPIEL VON 1&1 DOMAIN) INSTALLIEREN

Besuchen Sie die Website:

- http://www.1und1.de/login

Melden Sie sich dort mit Kundennummer und Passwort, wahlweise auch Domainname (ohne **www.**) und Passwort an.

Unter dem Reiter Homepage / Anwendungen legen Sie unter "MySQL Datenbank" eine "Neue Datenbank" an.

Schreiben sie sich folgende Informationen einschließlich des frei gewählten Kennworts auf:

- Hostname
- Datenbankname
- Datenbank
- Benutzer
- Passwort (*das bereits erwähnte frei gewählten Kennwort Ihrer MySQL-Datenbank*)

Als nächstes richten Sie sich einen FTP-Zugang ein. FTP steht für File Transfer Protocoll. Dies wird benötigt um Dateien zu übertragen.

Ihre FTP-Zugangsdaten finden Sie unter "*Zugänge*". Notieren Sie auch diese Daten und wählen ein Passwort aus.

Installieren Sie nun ein FTP-Programm auf Ihrem PC. Viele Websites und auch ich empfehlen das kostenlose und leistungsstarke FileZilla. Sie finden es für Windows-, MAC- und Linuxrechner unter:

- http://filezilla-project.org/download.php

Nach der Installation führen Sie es aus und klicken auf *"Datei | Servermanager"*.

Unter dem Reiter "Allgemein" geben Sie nun folgende Daten an:

- **Server**:
  Hier kommt Ihr Domainname - ohne *"www."*
  z. B.: Wenn Ihre Domain unter *"www.meinname.de"* zu erreichen ist, geben Sie an dieser Stelle *"meinname.de"* an.
- **Port:**
  21
- **Servertyp:**
  FTP - File Transfer Protocol
- **Verbindungsart:**
  Normal
- **Benutzername** und **Passwort**:
  An dieser Stelle geben Sie bitte den Benutzernamen und das Passwort ein, welche Sie zuvor auf der Seite von 1&1 unter FTP-Zugänge angegeben haben.
  Tipp: Der klassische 1&1 Benutzername ist so etwas in der Art wie *"p12345"*

Unter dem Button ⬛ um eine Verbindung herzustellen.

Sie sind mit dem FTP-Server verbunden.
Nun kopieren Sie den lokalen Inhalt Ihres Wordpress-Ordners (z. B. Speicherort:
`C:\Users\Schindegger\Downloads\wordpress-3.5.1-de_DE\wordpress`) **auf den FTP-Server.**

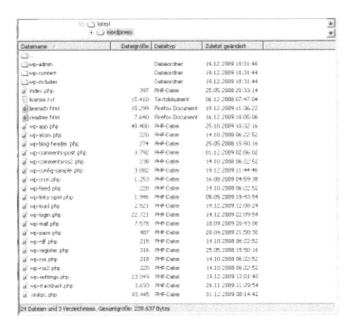

Jetzt haben Sie alle notwenigen Dateien hochgeladen. Nun muss Wordpress eingerichtet werden. Rufen Sie jetzt Ihre Domain in Ihrem Browser auf. Zum Beispiel: www.meinedomain.de

Wenn Sie alles korrekt gemacht haben, werden Sie mit folgendem Startbildschirm begrüßt:

Klicken Sie nun auf "*... starten der Installation*".

Jetzt benötigen Sie Ihre Notizen von der Einrichtung der Datenbank unter der Website von 1&1 :

- **Name der Datenbank** = Datenbankname (*Bsp: db12345*)
- **Name des Datenbankbenutzers** = Datenbankbenutzer (*Bsp: dbo12345*)
- **Passwort** = Datenbankpasswort
- **Datenbank-Host** = Hostname (*Bsp: db12345.1und1.de*)
- **Tabellen-Präfix** = wp_

Anschließend geben Sie Ihren Blogtitel und ihre eMail-Adresse an:

Anmeldename und Passwort für Ihren Wordpress-Blog wird Ihnen zugesandt. Bitte notieren sie auch diese, denn unter `www.ihrdomainname.de/wp-admin` können Sie sich damit einloggen. Somit gelangen wir auf das Dashboard.

6.5.3 WORDPRESS - DAS DASHBOARD

Bevor wir fortfahren, sind noch einige Plugins sinnvoll zu installieren. Begeben Sie sich auf Ihrem Dashboard in das Menu "*Plugins*"

Wählen Sie nun den Bereich "Installieren". Geben Sie dabei im Suchfeld die Module an und installieren diese.

Notwendige / sinnvolle Plugins:

- **2 Click Social Media Buttons**
  Geben Sie dem Besucher Ihres Blogs die Möglichkeit, die Seite via Twitter, Facebook, google+ und Co zu teilen. Wenn die Installation abgeschlossen ist, können Sie unter der Rubrik "*Einstellungen*" dieses Modul bequem einrichten.

- **All in one SEO Pack**
  Dieses Modul vereinfacht es Suchmaschinen, Ihren Blog zu entdecken.
- **Spam Free Wordpress**
  Dieses Modul schützt Sie vor unerwünschten Spam-Kommentaren
- **Limit Login Attempts**
  Dieses Modul erschwert es Hackern, Ihren Zugriff zu knacken, da die Anzahl der Anmeld-Versuche in den Administrationsbereich Ihres Blogs für einen Tag begrenzt wird.

Vergessen Sie nicht die Plugins zu aktivieren und etwaige Einstellungen vorzunehmen.

6.5.4 IMPRESSUM ANLEGEN

Sie sind verpflichtet, sich ein Impressum anzulegen.

Nutzen Sie dazu den Impressumsgenerator:

- http://www.e-recht24.de/impressum-generator.html

Anschließend erhalten Sie (weiter unten) einen Quellcode für Ihr Impressum. Kopieren Sie den Inhalt des Textfensters in den Zwischenspeicher.

Klicken Sie dann in Ihrem Wordpress-Dashboard auf "*Neu*" und "*Seite*".

Im Titelfeld schreiben Sie "*Impressum*".

Im Textfeld darunter schalten Sie zunächst rechts oben von "*Visuell*" auf "*Text*" um und kopieren anschließend den Inhalt des Quellcodes über die rechte Maustaste und Einfügen aus der Zwischenablage hinein. Mit einem finalen "*Veröffentlichen*" geben Sie ihr Impressum frei.

Über "*Neu*" und "*Artikel*" können Sie auf der Seite Home beliebig viele Blogeinträge verfassen. Heißen Sie Ihre Leser willkommen und verweisen Sie auf Ihre eBooks hin.

Den Link zu Ihrem Impressum müssen Sie auch auf Ihrer Facebook-Seite zu Ihrem Buch unter "*Info*" angeben, denn auch bei eigenen Facebook-Seiten besteht eine Impressumspflicht.

6.5.5 YOUTUBE-VIDEO IN MEINEN BLOG EINFÜGEN

Falls Sie ein Youtube-Video haben, können Sie dies auch in Ihrem Blog einfügen.

Suchen sie dazu Ihr Video auf Youtube. Anschließend klicken Sie auf "*Teilen*" und danach auf "Einbetten". Kopieren Sie den Quellcode im Textfenster und fügen Sie diesen in Ihren Artikel ein. Beachten Sie dabei, dass rechts oben das Register auf "*Text*" und nicht auf "*Visuell*" steht, da er ansonsten nur den Quelltext anstatt das Video anzeigt.

6.5.6 FACEBOOKS "GEFÄLLT MIR" IN DEN BLOG EINFÜGEN

Besuchen Sie über Ihr Facebookprofil Ihre angelegte Facebook-Seite.

(Facebook-Seite anlegen - siehe Kapitel "*6.4 Facebook-Seite / Twitter-Profil & Co. anlegen*")

Ihre Facebook-Seite finden Sie in der linken Navigationsspalte unter "Seiten". Klicken Sie Ihre Seite an und kopieren Sie den Link Ihrer URL. Der Link zu meiner Facebook-Seite lautet z. B. wie folgt:

- http://www.facebook.com/pages/Gnom-unser/174687449291554

Gehen Sie anschließend auf die Seite http://developers.facebook.com/docs/reference/plugins/like-box/

Fügen Sie unter Facebook-URL Ihren Link ein. (*Rechte Maustaste - einfügen*)

Entfernen Sie den Haken von "*Show stream*" und "*Show header*" und klicken Sie anschließend auf "*Get Code*". Wählen Sie anschließend den Reiter "*IFRAME*". Kopieren Sie den Code in die Zwischenablage. Er müsste so ähnlich aussehen:

- <iframe
  src="//www.facebook.com/plugins/likebox.php
  ?href=http%3A%2F%2Fwww.facebook.com%2Fpages
  %2FGnom-

```
unser%2F174687449291554&amp;width=292&amp;h
eight=258&amp;show_faces=true&amp;colorsche
me=light&amp;stream=false&amp;border_color&
amp;header=false&amp;appId=279080742115213"
scrolling="no" frameborder="0"
style="border:none; overflow:hidden;
width:292px; height:258px;"
allowTransparency="true"></iframe>
```

Wechseln Sie wieder auf das Dashboard Ihres Wordpress-Blogs.

Klicken Sie auf "Design" und "Widgets".

Ziehen Sie mit links gedrückter Maustaste das Widget "Text" rechts in "Primärer Widget Bereich".

Klappen sie anschließend dieses Textfeld mit dem Pfeil nach unten auf der rechten Seite auf.

Den Titel lassen Sie frei. Im Textfeld darunter kopieren Sie den Quellcode hinein und betätigen anschließend die "Speichern" - Schaltfläche.

Wenn Sie nun Ihre Seite www.meinedomain.de betrachten, hat sich eine so ähnlich aussehende Facebook-Box integriert:

6.5.7 TWITTER - BOX IN WORDPRESS EINFÜGEN

Natürlich können Sie dies auch mit Ihrem Twitter-Profil realisieren.

Loggen Sie sich dazu auf folgender Seite mit Ihren Twitter-Daten ein

- http://twitter.com/about/resources/widgets

Klicken Sie dann unter **Widgets** auf "*Neu erstellen*".

Wählen Sie die Benutzer-Timeline, geben Sie unter Domains Ihre Domain an und anschließend auf "*Widget erstellen*". Kopieren Sie anschließend den Quellcode in die Zwischenablage.

Beispiel meines Quellcodes:

- ```
  <a class="twitter-timeline"
  href="https://twitter.com/Nasentroll"
  data-widget-id="299816555234082816">Tweets
  von @Nasentroll</a>
  <script>!function(d,s,id){var
  js,fjs=d.getElementsByTagName(s)[0];if(!d.g
  etElementById(id)){js=d.createElement(s);js
  .id=id;js.src="//platform.twitter.com/widge
  ts.js";fjs.parentNode.insertBefore(js,fjs);
  }}(document,"script","twitter-
  wjs");</script>
  ```

Wechseln Sie wieder auf das Dashboard Ihres Wordpress-Blogs.

Klicken Sie erneut auf "*Design*" und "*Widgets*".

Ziehen Sie mit links gedrückter Maustaste ein weiteres Widget "*Text*" rechts in "*Primärer Widget Bereich*".

Klappen sie anschließend dieses Textfeld mit dem Pfeil nach unten auf der rechten Seite auf.
  ```

Den Titel lassen Sie frei. Im Textfeld darunter kopieren Sie den Quellcode hinein und betätigen anschließend die *"Speichern"* - Schaltfläche.

Wenn Sie nun Ihre Seite *www.meinedomain.de* betrachten, hat sich eine so ähnlich aussehende Twitter-Box integriert:

6.5.8 AUTOMATISIERTES TEILEN NEUER ARTIKEL IN WORDPRESS AUF TWITTER UND FACEBOOK

Damit Sie nicht jedes Mal selbst den in ihrem Blog verfassten Artikel auf Twitter und Facebook manuell teilen müssen, nutzen sie Twitterfeed. Dieser Dienst teilt automatisch Ihren neu publizierten Blog-Artikel auf Facebook und Twitter.

Zunächst benötigen Sie Ihren RSS-Feed Ihres Wordpress-Blogs. Diesen finden Sie auf Ihrer Wordpress-Homepage unter der Rubrik *"Meta"* unter *"Beitrags-Feed (RSS)"*

Sie können dieses aber auch manuell eingeben. Er lautet wie folgt:

- `http://www.meinedomain.de/?feed=rss2`

(Wobei selbstverständlich "www.meinedomain.de" durch Ihre zu ersetzen ist)

Diesen Link kopieren Sie in die Zwischenablage.

Besuchen Sie die Website http://twitterfeed.com/ und legen sich ein Profil an.

Loggen Sie sich ein und klicken Sie rechts oben auf "Create New Feed".

Den Feed-Namen können Sie frei wählen.

In die Zeile des RSS Feeds fügen Sie Ihre Feed-Adresse aus der Zwischenablage ein (*rechte Maustaste / Einfügen*)

Anschließend geht es weiter mit *"Continue Step 2"*

Unter Twitter geben Sie Ihren Twitter-Account an, in dem Sie auf

"*Authenticate new Twitter Account*" klicken. Nun müsste unter "*Authenticated Twitter Account*" ihr Twittername stehen. Klicken Sie dann auf "*Create Service*"

Wiederholen Sie die Schritte mit Facebook. Klicken Sie auf "*Connect with Facebook*".

Wählen Sie unter "*Choose a Facebook Page to publish your feed to its wall, or leave blank to publish to your Facebook account wall.*" ihre Facebook-Seite aus und anschließend auf "*Create Service*" und schließlich auf "*All Done!*" Mit "*Go to Dashboard*" erhalten Sie eine Übersicht.

Jetzt können Sie diese Seite getrost schließen. Sobald Sie jetzt einen Artikel in Ihrem Blog verfassen, wird dieser automatisch auf Ihrer Facebook-Seite und auf Ihrem Twitter-Profil (*mit ein paar Minuten Zeitverzögerung*) geteilt.

6.6 SOZIALE NETZWERKE / COMMUNITIES

Wenn Sie wollen, dass Ihr eBook bekannt wird, müssen Sie erreichen, dass es publik wird. Scheuen Sie sich nicht davor, lokale Kaffees oder Kleinkunstbühnen anzusprechen, um eine Buchlesung / -vorstellung mit anschließenden Gesprächsrunden zu geben. Die klassische Mund zu Mund - Propaganda ist nach wie vor die überlegenste von allen ... Facebook hin oder Twitter her ...

6.6.1 LITERATURCAFÉ IN SECOND LIFE

Sie trauen sich nicht, Ihr Buch auf einer Bühne zu präsentieren? Vielleicht ist es Ihnen auch nicht möglich auf Grund eines körperlichen Leidens weite Strecken zurückzulegen oder das nächste Cafè bzw. die nächste Kleinkunstbühne ist zu weit entfernt? Dies sind zwar ungute Voraussetzungen, aber es gibt ja noch die Plattform Second Life. Dies ist eine virtuelle Welt, in der man sich einen Avatar anlegen kann und via Chat auf der Tastatur oder Mikrofon bzw. Headset kommunizieren kann. Es hat sich eine Gruppe mit Namen *"Brennende Buchstaben"* auf Kleinkunst / Lesungen spezialisiert und ein virtuelles (*Literatur-*)Café Krümelkram etabliert. Scheuen Sie sich nicht mit den Betreibern Kontakt aufzunehmen. Sie können vorerst einer Lesung lauschen, bevor Sie nachfragen, ob auch Sie eine halten dürfen.

Die Links:

- **Der Blog**
  http://brennendebuchstaben.blogspot.de/
- **Das Kafé Krümelkram**
  http://slurl.com/secondlife/Ataria/56/160/23
- **Die Facebook-Seite:**
  http://www.facebook.com/BrennendeBuchstaben
- **Die Anleitung "Wie komme ich ins Second Life":**
  http://brennendebuchstaben.blogspot.de/p/second-life.html

(Impression von einer Lesung in Second Life)

6.6.2 LOVELYBOOKS

Eine weitere Plattform, über die man sich u. a. via seines Facebook-Accounts registrieren kann heißt lovelybooks. Hierüber können Sie andere Autorinnen und Autoren aber auch Leserinnen und Leser kennenlernen. Hier haben Sie die Möglichkeit auf Veranstaltungen bzw. Lesereihen, eBook-Gratisaktionen, aber auch auf Neuigkeiten hinzuweisen.

- http://www.lovelybooks.de/

6.6.3 FACEBOOK

Folgende Facebook-Gruppen sind zu empfehlen:

Zunächst solche, in denen Eigenwerbung (*falls es thematisch passt*) erlaubt ist:

- eBooks für 99 Cent
  http://www.facebook.com/groups/457067057686452/
- eBooks für Kinder

http://www.facebook.com/groups/237854896350129/
- Ebooks: Ich bei dir - du bei mir
  http://www.facebook.com/groups/112474598909820/

Nun folgen die Gruppen, in denen man Eigenwerbung unterlassen sollte, sich aber wertvolle Tipps und Ratschläge einholen kann:

- SELF PUBLISHING
  http://www.facebook.com/groups/184413921615603/
- Buchstabenjunkies
  http://www.facebook.com/groups/449818695069512/
- Deutsche Autoren - Englische Bücher
  http://www.facebook.com/groups/German.US.Books/

Falls Sie eine Gratisaktion mit Ihrem eBook geschalten haben, weisen Sie folgende User via einer persönlichen Nachricht (Option "*Nachricht senden*") auf aktuelle Gratisangebote hin:

- BuchRegen Gratis Kindle Ebooks
  http://www.facebook.com/buchregen
- Xtme.de: Gute eBooks - kostenlos und preiswert
  http://www.facebook.com/xtme.de
- Legale kostenlose eBooks
  http://www.facebook.com/LegaleKostenloseEBooks

Wie Sie selbst Gratis-Aktionen verwalten, haben Sie im Kapitel "*6.1 Grundsätzliches*" erfahren.

Wenn Ihr Werk neu ist, können Sie sich ebenfalls über eine persönliche Nachricht sich an "*Buchneuheiten*" wenden:

- http://www.facebook.com/buchneuheiten

6.6.4 ICH MACH WAS MIT BÜCHERN

Die Seite http://wasmitbuechern.de/ von Leander Wattig ist ebenfalls zu empfehlen. Dort können Sie ihre Antworten zu vorgegebenen Interviewfragen per eMail einreichen. Mit etwas Glück werden diese dann auch veröffentlicht. Vergessen Sie bitte nicht, solche Links auf anderen Seiten auch über Ihre Kanäle (*Blog, Twitter, Facebook und Co.*) zu verbreiten.

7. SCHLUSS

Irgendwann ist auch der schönste Ratgeber zu Ende. Lassen Sie sich von Absagen und kritischen Stimmen nicht unterkriegen. Lassen Sie sich das Schreiben und das Veröffentlichen nicht vermiesen. Glauben Sie an sich. Versuchen Sie aus Kritiken das Konstruktive herauszuziehen, ohne dass sie sich selbst dabei untreu werden.

Ich hoffe Ihnen das Lesen des Ratgebers genauso viel Spaß gemacht, wie mir ihn zu schreiben.

Für Rückmeldungen und Kundenrezensionen auf Amazon.de würde ich mich freuen.

Liebe Grüße und viel Erfolg wünscht …

… Ihr Tobias Schindegger

eMail: info@gugeli.de

8. BONUS-KAPITEL: QR-CODE-ERSTELLUNG

Der QR - Code (*QR = Quick Response / schnelle Antwort*) ist dem Strich-Code sehr ähnlich. Man kann ein damit einen Code abdrucken, welche durch eine kostenlose Smartphone-App (*QR Droid für Android-Smartphones bzw. QR Reader für das iPhone*) mit Hilfe der integrierten Kamera gelesen werden kann. Hinter dem Code kann sich ein Link, ein Video, ein Bild ein Musikstück o. ä. verbergen.

Um einen QR-Code zum Beispiel für Ihre Titelseite oder das Titelbild zu verwenden, welcher auf Ihre Amazon Autorenseite oder Ihren Blog verweist, gehen Sie bitte wie folgt vor:

1. Geben Sie in Ihrem Browser folgende Adresse ein: http://qr-code-generator.de/
2. Wechseln Sie von dem Reiter **Text** auf **URL**.
3. Geben Sie ihre vollständige Adresse Ihrer Homepage bzw. Ihrer Autorenseite ein.
   Zum Beispiel: http://www.amazon.de/Tobias-Schindegger/e/B0099NFGLC
4. Anschließend wählen Sie eine beliebige Größe anhand des Schiebereglers.
5. Klicken Sie jetzt auf **Herunterladen**.
   Nun können Sie die Bilddatei *.png einen Namen geben, an einem beliebigen Speicherort speichern und in Ihr *.rtf Textdokument einfügen.
6. Ihr QR-Code muss nun so ähnlich aussehen:

7. Testen Sie Ihren QR-Code mit Ihrem Android-Smartphone bzw. Apples iphone mit der entsprechenden App.
(*QR Droid* für *Android*-*Smartphones bzw.* **QR Reader** *für das* **iPhone**)

Falls Sie eine entsprechende App nicht haben sollten, laden Sie diese (*bei Android*) via den Playstore bzw. (*bei iPhone*) via iTunes herunter.

ÜBER DEN AUTOR

Tobias Schindegger wurde 1976 in Glashütten im Taunus (Hessen / Deutschland) geboren. Seine schulische Karriere meisterte er tief im Süden Deutschlands - genauer gesagt in Oberbayern im Berchtesgadener Land.
Zum Studium der Sozialpädagogik zog es ihn ins geographische Zentrum - nach Erfurt in Thüringen. Dort lernte er seine Ehefrau in einer studentischen Improvisationstheatergruppe kennen und lieben. Gemeinsam haben sie drei Söhne und sind Thüringen treu geblieben.
Seit 9 Jahren ist Tobias Schindegger im Bereich der Sozialpsychiatrie tätig. Er arbeitet mit Menschen, bei denen eine psychische Störung, Erkrankung oder seelische Behinderung diagnostiziert wurde. Seine Aufgabe ist es, diesen Menschen (wieder) einen lebenswerten Weg für einen selbstständig gestalteten Alltag, eine Beschäftigung oder eine Arbeit zu ebnen. Humor spielt dabei oft eine entscheidende Rolle.
Seit Mitte 2012 ist er als Fundraiser ausgebildet. Dieses Wissen nutzt er, um sozialpsychiatrische Projekte finanzieren zu können.

Weitere Informationen erhalten Sie auf der Website des Autors
http://gnomunser.familygaming.de/

www.ingramcontent.com/pod-product-compliance
Lightning Source LLC
Chambersburg PA
CBHW061030050326
40689CB00012B/2755